AF497928

L'ESPRIT D'ORPHÉE

OU

DE L'INFLUENCE RESPECTIVE

DE LA MUSIQUE,

DE LA MORALE ET DE LA LÉGISLATION.

SECONDE ÉTUDE

OU

DISSERTATION.

Par le citoyen OLIVIER, juge d'appel
à Nismes.

P A R I S,

Chez CHARLES POUGENS, Imprimeur - Libraire,
Quai Voltaire, n.º 10.

AN X.   (1802.)

SECONDE ÉTUDE

OU

DISSERTATION

Sur l'intensité que la musique dans les temples donne aux sentimens religieux, influant ainsi sur la morale des peuples.

OBSERVATIONS PRÉLIMINAIRES

Sur l'effet moral et religieux que la musique produit.

LE spectacle de la nature élève l'ame vers le créateur. La musique, en accompagnant l'expression des sentimens par lesquels l'homme semble sortir de sa sphère matérielle pour contempler, adorer, invoquer l'Être suprême et répandre son cœur devant lui ; la musique, dis-je, augmente l'intensité de ces sentimens, les rend plus affectueux, plus nobles, les divinise en quelque sorte.

Il est, n'en doutons pas, des vérités de sentiment; et si nous en doutions, l'impression que fait sur nous une belle musique pourroit offrir une preuve de ces vérités et dissiper nos doutes.

Un matérialiste ne voit qu'illusion, erreur dans ce qui n'est point géométriquement ou grossièrement prouvé par une mesure, un calcul, un fait matériel. Il méconnoît toute autre certitude. Cependant chaque effet de la musique est un fait moral, et en même temps un fait réel, un fait certain. Nous ne comprenons pas l'essence de l'ame, ni comment elle est unie avec le corps; nous sentons néanmoins que la musique agite, électrise l'ame comme le feu agite, électrise les corps. Peut-on expliquer, du moins en partie par la musique, ce lien de l'ame avec le corps, puisque les sons agissent sur les organes physiques, et que ces sons bien ordonnés d'une telle ou telle manière agissent sur l'ame, avec toutes les différences qui résultent de la manière dont ils se trouvent combinés? Laissons l'objet de cette recherche dans la classe des choses occultes qui sont et seront toujours en grand nombre.

L'homme qui sent la musique est disposé aux sentimens religieux, comme l'homme susceptible d'une tendre piété est infiniment sensible à la musique. Ou le matérialiste ne sent rien et s'ennuie dans un concert, ou il affiche un système dont il n'est pas bien persuadé.

(3)

Méfions-nous de ceux qui disent que les expressions musicales sont très-bornées. Ils ne voyent
pas que les sons offrent le langage universel des
créatures animées; langage qui n'a pu être diffé-
rencié par des syllabes et des signes arbitraires.
Dieu a permis à l'homme de modifier ses lèvres
à sa fantaisie, et plusieurs langues ont été formées.
Dans un organe plus reculé, plus intérieur, il a
placé le son de voix qui a par-tout les mêmes
accens, les mêmes inflexions, et les mêmes expressions qu'il ne dépend point de l'homme d'altérer.

Méfions-nous de ceux qui disent qu'il est dan-
gereux dans l'éducation des enfans de leur apprendre
la musique, parce qu'elle énerve l'ame, la dispose à la volupté, à la tendresse, aux passions
vives. Ces philosophes ont-ils oublié que dans
l'antique sagesse on regardoit la science musicale
comme étant la clef de toutes les sciences? Les
enfans élevés dans des maisons religieuses où l'on
cherche à transporter leur imagination brûlante
vers le trône de l'Éternel, reçoivent-ils une éducation dangereuse? Peut-on prouver ce danger par
l'exemple de tant de jeunes filles qui, séduites par
une première ferveur, ont imprudemment prononcé
des vœux irrévocables, et ont ainsi préparé le
tourment de leur vie? Il n'y a rien de bon en
soi, qui ne puisse devenir un poison par l'abus
qu'on en fait. Ainsi le jeune enfant, pénétré de

bonne heure d'une dévotion tendre envers la divinité, est disposé aux passions vives, au délire de l'ame ; mais il en trouve le remède dans l'objet sublime vers lequel on a dirigé son affection. Il en est de même de l'enfant tendrement caressé par ses parens, et qui s'accoutume volontiers à leur donner des marques d'un amour filial qui tient de l'enthousiasme. Aimerons-nous mieux former des machines insensibles, dans la crainte de tous les dangers où peut conduire une vive sensibilité ? Ah ! dans le siècle où nous vivons, l'égoïsme, les passions brutales, l'avidité des richesses que le luxe rend nécessaires n'endurcissent-ils point assez les cœurs, et faut-il se défendre en toute manière des douces émotions auxquelles la nature nous dispose ?

Cependant, pour prévenir tous les dangers auxquels devient exposée une jeune personne dont la sensibilité est exercée par la musique, il n'y a qu'un moyen : il faut que dans son éducation on l'ait profondément pénétrée des grandes vérités de la morale religieuse.

En considérant ce besoin que nous avons de la musique, joint à la nécessité qu'il y a de faire influer la religion sur les mœurs, il est important de prouver aux artistes musiciens que le plus bel emploi de leur art seroit d'enrichir la musique des temples, et cette musique est plus susceptible de perfection que toute autre. Par-tout où la vérité

(5)

des sentimens qu'on éprouve est accompagnée de l'intensité que ces sentimens reçoivent d'une belle musique, les effets de cette musique sont bien plus grands que là où nous sommes avertis que l'art n'est employé que pour former une illusion. Ici c'est une légère vapeur par laquelle nous consentons d'obscurcir un instant notre vue, et à travers laquelle nous nous plaisons à apercevoir des fantômes; là c'est un nuage chargé de fluide électrique, qui va réellement désaltérer un sol aride par des eaux abondantes, et qui, avant de se rompre sur nos têtes, laisse éclater la foudre qu'il recèle, et répand à l'entour de nous la terreur.

Si l'on rétranchoit des opéra ces invocations touchantes adressées à quelque divinité, ces chœurs religieux, ces ariettes où le courage semble s'annoncer comme une force qui vient d'en haut, où la crainte s'exprime comme réclamant le secours d'une puissance tutélaire, où l'amour légitime ne se peint que comme un besoin placé dans nos cœurs par l'Être suprême, il ne resteroit que quelques expressions désordonnées, jetées pour servir de fiction à la haine ou à une colère impuissante , et l'art musical imitatif n'auroit plus rien à imiter. Dans les temples, la musique peut à certains égards n'être plus regardée comme art d'imitation, elle doit souvent y être l'expression réelle d'un sentiment réel.

Si j'étois matérialiste , il ne me seroit point permis de parler de musique. Que pourrois-je en dire? Je n'y verrois que de vains sons qui ne me sont un peu agréables que parce que l'ébranlement qu'ils occasionnent dans l'air suit une forme de mouvement qui s'adapte à la disposition de l'organe auditif. Mes idées sur cet art n'iroient guères plus loin. En me bornant à l'idée précédente, je n'aurois pas même obtenu une définition bien intelligible. Le matérialisme éteint le sentiment, et la musique sert d'expression au sentiment. J'ai toujours douté , et doute encore , s'il existe un matérialiste de bonne foi. En tout cas, je me le représente comme un peintre, ou un statuaire qui est absolument privé de l'organe de la voix. Il m'entend à moitié. Je lui parle, et il ne peut me répondre qu'à l'aide du pinceau ou du ciseau. Son art de peintre ou de sculpteur ne lui permet d'exposer à mes yeux que des objets matériels. Je tourne mes regards sur lui ; je lui demande comment il veut, comment il pense , comment il sent. Il consulte un miroir, et prend son pinceau ou son ciseau pour me répondre à sa manière. Il se dessine très-exactement sur la toile , ou fait sortir d'un bloc de marbre sa statue qu'il me présente. Le voilà donc dessiné à mes yeux matériellemement. . . . . Divinité puissante ! donnez une ame à cet individu , et avec cette ame permettez-lui de proférer des

sons ; ses expressions le mettront en communication avec moi, mon ame pourra converser avec
la sienne, et il sera homme.

Ne pourroit-on pas dire qu'entre l'ame ou l'esprit
dont la substance ne tombe point immédiatement
sous nos sens et les objets physiques, il y a un
lien intermédiaire ou même un être intermédiaire,
et que ce lien ou cet être est le son ? Ce son n'est
point perçu par la matière brute, il ne l'est que
par la matière animée, c'est-à-dire, il est perçu
par les ames et par l'entremise des organes matériels qui le leur transmettent. Peu importe que
j'aie parlé improprement, en appelant le son un
être. Nous disons un être abstrait, un être spi-
rituel, et quand le son ne seroit qu'une modification de l'air (1), j'appelle cette modification un
être. Or, cet être tient sa place entre les ames
et les corps. Il se forme par la combinaison des
corps. Il porte son impression sur l'ame. Aucune
langue, même la plus abondante en images, ne rend
la variété et toutes les nuances des expressions
que la musique parcourt avec une vélocité qui égale
presque celle de la pensée. La physionomie et
les yeux qui sont, dit-on, le miroir de l'ame,

---

(1) Le son n'est point une modification de l'air, mais
un effet de cette modification, et sur cela il y auroit bien
de choses à dire.

et qui suppléent à ce que la langue n'exprime point, peuvent, ainsi que l'expression musicale, rendre une infinité de situations variées dont l'ame est susceptible. Enfin, transportés par la musique, nous sortons de la fange des élémens sur lesquels nous avons peine à nous traîner, et nous nous élançons vers la divinité.

En considérant ainsi l'art musical, on ne s'étonnera point de ce que je viens disserter sur l'usage qu'on doit faire de la musique dans les temples dédiés à la divinité. On ne s'étonnera point de ce que j'entreprends de soutenir la défense de cet art en faveur des solennités religieuses, et je l'ose dans un siècle où l'irréligion se glisse par-tout sous le nom de philosophie.

Il est deux sortes de philosophes, les uns qui se croient assez éclairés pour n'admettre aucune religion revélée, n'apercevoir qu'imposture dans les diverses traditions à ce sujet, et se bornant à la morale naturelle; les autres croyant à la vérité d'une revélation, sentant le besoin que la raison humaine a d'un secours supérieur, et ne voyant dans les sectateurs de la religion naturelle qu'une morale sans solidité, modifiée suivant les passions de chaque individu. Mais entre ces deux partis doit s'interposer une douce et philosophique tolérance, qui, laissant à l'Être suprême le soin de juger les consciences, n'exige que l'observation des règles morales sans lesquelles l'état social se dissoudroit ou seroit blessé. Nous, qui cherchons à fortifier les bonnes mœurs par le sentiment que l'art musical entretient ou fait naître, nous ne pouvons nous adresser ici qu'au petit nombre des zélateurs d'un culte rendu solennellement au Tout-Puissant dans les temples, et nous parlerons surtout des temples dont le fondateur n'a prêché qu'amour, candeur et simplicité. Lorsque nous traitons de la morale et des effets de la musique, pourquoi ne parlerions-nous pas d'une religion qui a fait et dû faire plus que toutes les autres un grand usage des effets musicaux ; d'une religion qu'on peut appeler sentimentale, puisque les preuves en reposent peut-être plus sur le sentiment que sur le raisonnement et les faits ; d'une religion enfin qui offre quelque ressemblance avec l'*orphéisme* que nous méditons, et dont les dogmes se sont faits puissamment entendre du sein de l'innocence dévouée à une mort douloureuse, de même qu'on nous dit que le doux et sensible Orphée finit par être déchiré par les Bacchantes ? Il est surtout bien remarquable qu'Orphée exalté, pour ainsi dire, par le sentiment musical dans cette hymne sublime qui nous est restée de lui, touchant la divinité, ait en quelque manière pressenti cette religion.

PREMIÈRE QUESTION.

La musique la plus pompeuse, la plus brillante, la plus propre à faire de grandes impressions, peut-elle, doit-elle être admise dans un temple chrétien ?

Il est sans doute permis de comparer aux plus grands objets ceux qui sont les plus petits et les plus simples, parce que la capacité de notre intelligence, en concevant l'entière mesure d'un petit objet, s'élève plus aisément à de plus grandes conceptions. Voyez ce tendre père ou cette mère d'une famille nombreuse au jour de leur fête que leurs enfans s'empressent de célebrer ; chacun d'eux vient leur présenter une fleur, gage de sa tendresse ; la mère réunit toutes ces fleurs qui lui composent le plus riche bouquet, et les vapeurs qui s'exhalent du mélange de ces fleurs diverses forment un ensemble odorant dont la suavité est délicieusement aspirée par le sens maternel.

Comparons à ce frêle bouquet l'encens de louanges et des pieux sentimens qui sont chantés par des fidelles au nom de tout le peuple, lorsqu'on célèbre un jour de solennité pour rendre un culte au père commun. Écoutez ce chœur religieux où tant de voix différentes, unies au son des instrumens, s'élèvent et remplissent la vaste enceinte du temple d'une harmonie admirable. Ce concert harmonieux de mille sons réunis , ce parfum , nous pouvons dire , composé de divers parfums , n'est-il pas l'encens le plus suave qu'on puisse adresser au souverain maître ? Qui n'est point saisi de respect en écoutant ce chœur imposant ? Qui ne s'attendrit point au spectacle d'un tel hommage rendu à la divinité par ses créatures ? Quel est le barbare qui oseroit conseiller de proscrire cette musique ? Ah ! n'a-t-il pas tous ses sens obtus ? Qu'il ait honte de publier ses opinions absurdes dans un siècle où règnent les beaux arts (1).

---

(1) Allusion à l'ordre qui fut donné avant la révolution française par de prétendus dévots d'exclure une belle musique de l'église principale de Paris.

« En remontant aux premiers siècles du christianisme ,
» on voit que les pères de l'église ont apporté la plus grande
» attention à conserver le chant et les instrumens qui exis-
» toient anciennement, regardant la musique employée avec
» tous ses moyens comme très-propre à élever l'ame des
» fidelles , à les pénétrer aussi plus profondément de la
» grandeur des mystères et de la solennité qu'on célèbre.
» Presque tous les chefs de l'église eurent la même atten-
» tion. Les ouvrages de l'évêque d'Hyppone montrent qu'il
» avoit la plus grande vénération pour ces musiques grandes
» et magnifiques , où une foule de chanteurs , dit-il , mêlant
» leurs voix aux sons éclatans de tous les instrumens, le
» fait tressaillir, le met hors de lui-même. Si j'entre dans
» ces pieuses assemblées des fidelles , continue-t-il , et que
» j'y entende cette musique brillante et pompeuse , je me
» sens élevé au-dessus des régions de la terre , il me semble
» que je suis admis aux concerts des intelligences célestes ».
Discours sur l'harmonie, par G R E S S E T. Voyez l'ode de
P O P E pour Sainte Cécile.

Ouvrons la bible , puisque je m'adresse à ceux qui ont quelque vénération pour ce livre antique. J'y cherche en vain des vestiges de l'usage qui eut vraisemblablement lieu d'honorer le créateur par des chants dans les temps les plus voisins de la création , et je me fais une question qui paroîtra difficile à résoudre. Le chant ou la musique , ou l'art naturel de la musique fût-il connu du premier des humains et de son aimable compagne dans le paradis terrestre ? Aucun monument ne nous en instruit. Mais il y a des vérités aussi certaines par la force des conjectures qu'elles peuvent l'être par tout autre motif de crédibilité. Peut-on se figurer un paradis terrestre où l'on ne chante point ? Adam et sa compagne étoient heureux. Ils n'avoient aucuns travaux à remplir. Ils entendoient chanter un million d'oiseaux. La nature leur sourioit dans tous ses charmes , et remplissoit leur cœur d'une joie indicible. Pouvoient-ils ne pas chanter ? Sur notre globe attristé par les souffrances et par le crime , tout individu qui entend chanter et qui a le moindre loisir chante par plaisir et par imitation. Pourquoi le premier homme n'eût-il pas chanté , lui dont on dit qu'il avoit reçu la science infuse ? Mais ce qui paroît plus facile à conjecturer , c'est qu'Adam chantoit les louanges du Seigneur. En effet, il comprenoit que ce concert des habitans de l'air , dès que le soleil recommencoit sa carrière, étoit une hymne de joie adressée au créateur, un témoignage de gratitude, autant que de créatures privées de raison pouvoient en être susceptibles. Il devoit croire que cette expression universelle du plaisir qui animoit la nature étoit agréable au créateur. Car un père qui aime à voir régner le bonheur dans sa famille, ne s'informe pas si ses jeunes enfans ont encore conçu le sentiment de reconnoissance. Il est témoin de leur alégresse, et il est content de ce doux spectacle qui fait la récompense de ses soins. Il en trésaillit. Comment Adam, le roi des créatures, la seule qui eût reçu la raison en partage, Adam qui, suivant la bible, conversoit avec le Seigneur, Adam qui avoit puisé ses connoissances dans celui qui est la source de toute science, ce mortel fortuné, sa compagne qui partageoit toutes ses justes affections pouvoient-ils ne pas être profondément pénétrés d'une reconnoissance sans bornes envers l'Éternel qui les avoit créés ? Et si l'on veut croire qu'ils chantoient, quel plus beau chant pouvoient-ils rendre que celui qui exprime l'expansion d'un cœur vivement reconnoissant ?

A peine le livre de la génèse a-t-il rendu compte de la création de l'homme, qu'il nous instruit de sa désobéissance et des malheurs qui fondirent sur la race des mortels. L'homme ne put désormais obtenir quelque foible plaisir qu'à force d'art et de peines. Il fallut que, pour goûter un peu des jouissances accordées gratuitement au premier père dans le paradis terrestre, ses descendans fussent assujettis à de grands travaux, par lesquels ils s'efforçoient de racheter le plaisir dont le besoin avoit resté dans leur ame. Condamnés à une vie pénible, ils conservèrent ou rapportèrent la musique du séjour de plaisir dont ils étoient exclus, et ce fut pour eux comme une espèce de consolation. Les accens musicaux furent même pour eux un signal d'espérance au milieu des plaintes même qu'ils servoient à exprimer. Mais comme ils avoient perdu tous les avantages des dispositions intellectuelles d'une heureuse nature qui supplée à l'art, tout fut soumis alors aux lenteurs de l'expérience. Ne soyons point surpris de ne trouver aucun texte qui parle de l'ancienne musique jusqu'à celui ou il est dit que *Jubal fut le père des musiciens qui chantoient en s'accompagnant de la cithare ou luth et de l'orgue* (1). Maintenant nous n'errerons plus

---

(1) *Jubal fuit ipse pater canentium cytharâ et organo*; Gen. chap. 1, v. 21. Le pere *Mersenne*, en parlant de ce texte, *quæst. celeberr.*, attribue à *Jubal* cette anecdote qui a été mise sur le compte de *Pythagore*. *Tubalcain*, frère de *Jubal*, étoit forgeron. C'est dans sa boutique que *Jubal* aperçut les proportions entre les sons produits par différens marteaux. Du moins il est certain que les proportions entre les sons étoient connues avant *Pythagore*. Ce n'est point le lieu de prouver cette vérité.

dans le champ des conjectures, et tout ce que nous établirons sera prouvé par les monumens de l'histoire. Remarquons l'attention de Moyse à indiquer l'origine de l'art musical, qui devint une partie si essentielle de la sagesse et de la science qu'on devoit cultiver avec soin dans Israël, et dont l'objet fut surtout d'employer la plus grande musique qu'on pût concevoir à augmenter la solennité du culte religieux.

Adam vivoit encore, lorsque Jubal s'occupa de la musique. On remarquera qu'Énos, fils de Seth et petit-fils d'Adam, établit les solennités du culte divin. Les descendans de Seth remplaçoient la branche du genre humain qui auroit dû naître d'Abel. Qu'on remarque surtout la contemporaneité des deux époques, l'une de la naissance de l'art musical, l'autre de l'établissement du culte; ce qui vient à l'appui de nos conjectures précédentes.

Plusieurs interprètes prétendent que ce fut par l'ordre d'Adam qu'Énos commença à former des assemblées d'hommes pieux, pour rendre un culte à Dieu par le moyen des prières, des chants et sacrifices; ce qui s'exécuta de père en fils jusqu'à Moyse (1).

Ici, pressés par l'abondance des matières, nous

____

(1) Suivant le témoignage de Philon, Moyse étoit très-instruit de la science musicale.

diviserons la question précédente , ou plutôt nous en proposerons une autre qui n'en est que l'accessoire.

SECONDE QUESTION.

Peut-on prouver par l'histoire que l'usage d'une grande musique a toujours paru convenable dans les fêtes religieuses des juifs et des chrétiens ?

Nul auteur , que je sache , ne s'est attaché , en suivant pas à pas les progrès de l'art musical dans les temples juifs et chrétiens, à prouver que cet art , avant de se répandre et d'être appliqué à des usages profanes, n'avoit eu d'autre origine et n'avoit pris son premier accroissement que dans l'emploi qu'on en faisoit pour la célébration du culte divin. Nous nous contenterons de tracer un précis historique de l'art musical employé dans les temples.

Suivant les principes de la théocratie hébraïque [il étoit convenable que les beaux arts et les sciences fussent principalement dirigés vers le culte rendu à l'Éternel] , toute la science des docteurs hébreux consistoit dans la profonde connoissance de leur langue , des livres sacrés et de la musique. On pourroit même croire que, pour être appelé docteur

parmi

parmi eux , il suffisoit d'être maître dans l'art de chanter les cantiques sacrés. *Il y avoit deux cents quatre-vingt-huit docteurs qui s'occupoient à enseigner la manière de chanter les louanges du seigneur.* Cette notice, tirée des *Paralipomènes* , qui fait remonter aux temps les plus reculés l'usage d'une musique pompeuse dans le temple , prouve aussi que la science musicale étoit regardée comme partie essentielle de la sagesse (1).

Ce n'est point ici le lieu de rechercher comment cette connexité de la science musicale avec la vraie sagesse a été reconnue dans l'Égypte et dans la Grèce par les anciens philosophes , ni comment ils ont été induits en erreur, en envisageant cette connexité sous de faux rapports (2).

Rappelons-nous la description tracée dans le livre des *Paralipomènes* de la brillante musique qui étoit exécutée devant l'arche d'alliance. Il faut y remarquer les noms d'Héman , Asaph et Ethan qui en étoient les principaux chanteurs , et pour

---

(1) La raison en est que les Hébreux ne pouvoient devenir habiles dans le chant , si ce n'est en devenant très-versés dans l'étude de leur langue et des livres sacrés.

(2) Au rapport d'Athénée , *Deipnosoph* , lib. XIV ; les anciens peuples avoient pour usage et pour loi de faire chanter, par tous les citoyens dans leurs festins , des hymnes et des louanges en l'honneur des dieux. Car , dit-il , les prières adressées en musique à la divinité rendent les mœurs de chacun plus graves et mieux ordonnées.

2.

la fête dont nous parlons on avoit choisi les plus habiles musiciens. Nous observerons aussi que là où l'on fait mention de Chononias, prince des Levites, qui étoit chargé d'entonner la mélodie, on ajoute : *car il étoit très savant* (1). L'art musical, avons-nous dit, étoit une preuve de beaucoup d'érudition (ce qui ne se vérifie point ordinairement parmi nous).

Le roi David, dans ses cantiques et ses pseaumes, a-t-il mis quelques bornes à son enthousiasme pour la plus belle musique dont on pouvoit faire usage en célébrant le culte divin ? lui qui voulut, tout roi qu'il étoit, paroître devant l'arche à la tête des musiciens, et une harpe en mains donner un bel exemple au peuple juif des transports auxquels la musique nous livre, lorsqu'elle accompagne des hymnes adressées à l'Être suprême. Le dépôt de ses pseaumes nous est resté, et nous offre les poétiques élans de son ame sensible (2).

---

(1) Toutes les grandes époques de l'ancien testament ont été célébrées musicalement. Lorsque les Israëlites eurent quitté l'Égypte et passé la mer rouge, Moyse entonna avec le peuple juif un cantique de louanges adressées au Seigneur. Alors la prophétesse Marie se saisit d'un instrument. Toutes les femmes juives se mirent à sa suite, chantant après elle des chœurs, et accompagnées d'un grand nombre de tympanons.; *Exod.*, *cap. XV*, v. 1, 20, 21.

(2) Depuis Moyse jusqu'à David, l'histoire juive fait mention de deux femmes dont les chants musicaux furent remar-

Il étoit naturel que le sage fils de David eût reçu l'éducation la plus soignée. Ce fameux sage comptoit-il pour rien l'art musical? La sagesse ou la science de Salomon, dit l'écriture, étoit au-dessus de celle de tous les Orientaux et des Égyptiens. Il n'y avoit parmi les hommes aucun savant qui pût se comparer à lui. Il étoit plus savant qu'Ethan et qu'Héman. Or nous avons observé qu'Ethan et Héman n'étoient que de grands musiciens.

Passons rapidement sur l'histoire juive, dans laquelle il suffit de ne pas oublier combien la musique figuroit avec éclat dans le superbe temple que Salomon fit bâtir à Jérusalem (1). L'éblouissante narration de la consécration musicale de ce temple perdroit trop ici à être traduite.

quables en l'honneur du culte divin; savoir, Débora qui chantoit une victoire, et la mère de Samuël qui rendoit grâces à Dieu de l'avoir sauvée de l'opprobre de la stérilité. Qu'on se souvienne des prodiges musicaux attribués à Élisée, Josaphat, Abias, etc.

(1) On peut se rappeler les cantiques de Judith, d'Ézéchias, d'Isaïe recueillis par Esdras, et dont la haute poésie indique les belles expressions musicales qu'on y employoit. Quel pathétique surtout dans les lamentations du prophète Jérémie! Quel genre musical, fier et terrible dans le cantique d'Habacuc, etc.! Le goût d'une grande musique dura chez le peuple juif jusqu'au temps de la destruction de Jérusalem. Tacite représente encore les prêtres juifs jouant des instrumens sacrés. Il parle des flûtes, des tambours dont ils se servoient; *Tacit. hist.*, *lib. V.*

Venons à l'époque de l'établissement du christianisme qui est la véritable époque de la destruction du temple de Jérusalem, et prouvons que
la nouvelle loi religieuse n'a jamais détruit l'usage
d'une belle et grande musique appliquée au culte
divin.

Suivant les premières pages de l'évangile, à
peine le Messie fut-il né, que la musique des cieux
descendit sur la terre. Des anges la firent entendre
à des bergers, et les hommes de bonne volonté
apprirent ainsi qu'ils devoient se réjouir du grand
avénement.

Quoique le nouveau culte fût annoncé, comme
étant plus pur que le précédent, la musique n'en
fut nullement exclue. Car la musique n'offre par
elle-même rien d'impur et ne peut devenir blâ-
mable que par l'objet auquel on l'applique.

Les apôtres furent attentifs à introduire dans
la formation de la hiérarchie ecclésiastique les
fonctions des chanteurs (1), *cantores.* Cependant,
comme le culte chrétien s'établissoit au milieu des
persécutions, comme la publicité n'en étoit pas

____

(1) Les apôtres avoient donné, même pendant la vie du
Christ, l'exemple de conserver la musique. Après la cène,
ils chantèrent en chœur des hymnes sur le mont des olives;
Math., cap. 26, v. 30. Voilà, disent les interprètes chrétiens, la seconde origine de la musique dans nos cérémonies.

tolérée sous les premiers empereurs romains , une brillante musique ne put en relever l'éclat. Bien plus , il faut avouer qu'outre la simplicité que les chrétiens étoient alors obligés de mettre dans leurs cérémonies , ils avoient conçu une aversion exagérée et absurde dans un sens pour tous les beaux arts , parce qu'ils ne voyoient sous leurs yeux que des artistes consacrant leurs efforts aux objets du paganisme. Il y avoit un mur de séparation entre les chrétiens et les payens. C'est ce qui fut cause que dans les chants ecclésiastiques on n'a conservé presque nulle trace de l'ancienne musique grecque et latine.

Ce goût de simplicité , cet éloignement pour les beaux arts se prolongèrent même après que Constantin se fut déclaré le protecteur du christianisme et en eut été le zélé propagateur (1). Mais lorsque les chrétiens eurent acquis une grande considération sous son règne, cet empereur comprit que son zèle pour le nouveau culte ne devoit point

____

(1) On voit néanmoins , par l'ouvrage de Géber , qu'un grand nombre de musiciens grecs s'étoient occupés , dès le troisième siècle, à composer des hymnes pour l'église chrétienne. Anastase rapporte que vers l'an 460 le pape Hilaire institua des écoles à Rome , pour qu'on cultivât la musique d'église. D'autres écrivains assurent même , dit-il, que le pape Sylvestre avoit déjà fait un établissement pareil vers l'an 330. Onuphre le prétend aussi ; *Essai sur la musique.*

préjudicier aux beaux arts, ni affoiblir la protec-
tion qui leur étoit due. Il déclara *sacrées* les personnes qui professoient les arts libéraux. Il les
défendit contre toute vexation, et son édit à ce
sujet étoit fondé sur ce qu'il falloit relever les artistes du mépris qu'on avoit pour eux à cause de
leur religion (1).

D'autres empereurs romains ont montré le même
empressement à favoriser les sciences et les arts
libéraux. Il suffisoit d'y être très-versé, pour obtenir des priviléges, suivant un édit d'Antonin le
pieux rappelé dans les lois romaines (2). Ces lois
rappellent encore les priviléges accordés par les
empereurs Léon et Zénon qui avoient statué, en
faveur des personnes adonnées aux sciences, qu'on
les dispenseroit de recourir aux voies judiciaires pour
obtenir les satisfactions qui leur seroient dues (3).
Quoique Justinien ait expressément confirmé les
immunités accordées avant lui aux professeurs des
beaux arts (4), il faut néanmoins convenir qu'il
n'est nullement question de l'art musical dans le
nombre de ces arts libéraux énoncés dans une de
ses lois (5). La raison en est que l'art musical étoit

---

(1) Gotofred, in cod. theodos, lib. 13, tit. 13, l. 1.
(2) L. 6, v. 10, ff. de excusat. tutor.
(3) L. 2, cod. de privileg. scholar.
(4) L. 4, cod. de professor. et medic.
(5) L. 1, ff. de extraordin. cognit.

(23)

totalement déchu du temps de cet empereur , quoiqu'il y eût alors des représentations théâtrales (1).
Outre les comédiens employés à ces théâtres , peu
versés dans la musique , il n'y avoit guères que
de mauvais chanteurs parcourant les rues pour
amuser le peuple , ou s'offrant à jouer de quelque
instrument dans les maisons particulières pour un
modique payement. C'étoient des espèces d'histrions
ambulans. Pline [liv. 14] s'étoit déjà plaint de
la décadence des beaux arts et de leur avilisse-
ment. On retrouve pourtant dans le digeste (2) une
dénomination grecque des arts libéraux qui laisse
encore apercevoir l'idée qu'on en avoit anciennement. Guillaume Budée explique cette dénomination comme indiquant que les beaux arts étoient
des connoissances préliminaires qui conduisent à
la philosophie et même , dit-il , à la théologie
dont à présent l'origine est considérée d'une manière bien plus étroite qu'elle ne l'étoit autrefois (3).
Il est vraisemblable que le principal, peut-être le
seul de ces beaux arts dont il s'agit ici relative-

---

(1) V. novell. 51.

(2) Tit. de extraordinar. cognit.

(3) Sic Budæus annot. post. in pandect. : « Artes libe-
» rales quasi institutiones præviæ ad primam philosophiam
» quæ omnia complectitur, et ad theologiam cujus incuna-
» bula hodiernis moribus longè existimantur tenuoria quàm
» olim ».

ment à la théologie, est l'art de la musique, ainsi qu'on peut assez le comprendre par ce qui a été ci-dessus énoncé.

Le culte chrétien pouvoit-il s'accommoder long-temps d'un chant ecclésiastique simple et de mauvais goût (1) ? Il falloit un pontife qui, se pénétrant des grandes convenances d'un culte solennel, s'indignant contre la barbarie et l'ignorance qu'on ne devoit point confondre avec le goût d'une noble simplicité, osât secouer une espèce de préjugé formé plutôt par la force des circonstances que par aucune opinion dérivant de la théologie. Tel fut Grégoire le grand dans le sixième siècle. Il s'appliqua soigneusement, et comme s'agissant d'un objet très-important, à supprimer les modulations désagréables du chant rituel, en inventa lui-même d'autres nouvelles, et fonda à Rome une école de chant d'église qu'on peut regarder comme le berceau de la musique italienne qui est parvenue à un si haut degré de perfection et s'est répandue dans toute l'Europe.

Ces chantres furent envoyés dans les écoles des autres principales églises de la chrétienté, et rencontrèrent des difficultés à être reçus en France

____

(1) Le concile de Valence en 524 ordonnoit qu'on entretînt soigneusement des écoles de musique et d'habiles joueurs d'instrumens.

au temps de Charlemagne. On sait l'histoire de la querelle ridicule que les chanteurs français excitèrent à cette occasion (1).

De même que le culte divin a été accompagné de musique dans son institution primitive, de même l'art musical a été mis en usage dans les solennités chrétiennes et a pris son accroissement aux époques particulières où le christianime s'est nouvellement établi dans quelque contrée. Cela s'est vérifié en France, où Clovis, dans un traité de paix qu'il conclut avec Théodoric, roi des Ostrogots, exigea que celui-ci lui envoyât un corps de musique d'Italie avec un habile maître pour le diriger. De même, lorsque le christianisme fut introduit chez les Hongrais, un nommé Water fut chargé par l'évêque d'enseigner à lire et à chanter, et lorsqu'il y eut trente élèves instruits dans la lecture et la musique, on en fit des chanoines (2).

Dans le moyen âge de l'église, tous les instrumens connus furent introduits dans les temples chrétiens d'Occident, et principalement en Allemagne. On voit dans Zonaras que les Orientaux furent plus tardifs à introduire une musique pompeuse

---

(1) J. J. Rousseau l'a racontée dans son dictionnaire de musique.

(2) Histoire de la vie de St. Gérard.

dans les églises. Les Arméniens et les Abyssiniens adoptèrent les premiers cette musique (1).

En Espagne, la suppression de la musique mosarabique donna lieu à une anecdote singulière. Sous le règne d'Alphonse V, ce prince voulant introduire la musique italienne dans les églises d'Espagne, le peuple se récria hautement et se montra disposé à se soulever par une résistance séditieuse. Alphonse, pour calmer les esprits, consentit à ordonner un combat de deux champions, dont l'issue détermineroit le parti qu'il faudroit prendre. Celui du peuple fut vainqueur. Le légat Richard fit entendre que ce duel n'avoit pas été juridique, et la reine Constance appuya cet avis. Alors Alphonse ordonna que les deux musiques seroient soumises à l'épreuve du feu. Les flammes dévorèrent l'italienne, et respectèrent, dit-on, la mosarabique. Cependant le roi voulut être obéi. Le véritable prodige qui eut lieu en cette rencontre et qu'il convenoit à la meilleure musique d'opérer, fut que le peuple consentit pour cette fois à se désister de croire un prodige. Du moins, sa crédulité n'enflamma point la sédition, et on obéit facilement au monarque espagnol.

----

(1) Essais sur la musique.

Un auteur italien (1) , versé dans la théorie de l'art musical , a prouvé assez bien qu'anciennement les Juifs récitoient dans le temple de Jérusalem , avec la plus harmonieuse et la plus nombreuse variété d'accens, ce qui étoit contenu dans leurs livres sacrés. Quant à l'usage de la musique dans les temples chrétiens, il suffit d'avoir entendu le *stabat mater* de Pergolèze , pour admettre que la plus belle musique , la plus expressive, a droit d'être employée aux solennités du culte.

Toutes les difficultés se réduiront à objecter qu'il faut proscrire des temples une musique lascive et trop voluptueuse , ou bien une musique simplement amusante , dont les effets ressemblent uniquement à ceux des représentations théâ-trales. Peut-être serions-nous fondés à répondre que les sons musicaux sont chastes par eux-mêmes, qu'ils n'ont rien de lascif ni d'illégitime , qu'ils ne sont funestes que par les objets auxquels ils se trouvent unis. Il est difficile de concevoir que les mœurs puissent être dépravées par une mu·sique instrumentale, par une belle symphonie. Cependant nierons-nous les effets d'une musique gracieuse ou tendre qui dispose les cœurs à des

____

(1) Antonio Eximeno, *dell'origine , del progresso e della decadenza della musica.*

sentimens efféminés, et avoit paru à Lacédémone capable de produire une révolution dans la république ? Non : mais au lieu de mettre trop de mollesse dans l'expression musicale, le compositeur pénétré des convenances de son objet formera pour les temples une musique noble et modeste, si l'on peut s'exprimer ainsi, sans exclure une agréable variété du chant. Du reste, en général, une musique gracieuse et tendre ne doit point être rejetée là où les vues du gouvernement ne seront pas de rendre les hommes durs, inaccessibles à la pitié, à la bienfaisance, à l'affection mutuelle. Ne voyons-nous pas que les personnes les plus passionnées pour la musique sont ordinairement les plus affectueuses, les plus bienfaisantes, les plus aimables dans la société ?

Rappelons-nous l'origine des théâtres en France. On sait que l'art dramatique y a pris naissance dans les pieuses représentations qui eurent lieu au sein des églises, et qui furent même poussées jusques au ridicule. L'usage de ces pieuses comédies avoit duré jusqu'au concile de Bâle qui s'occupa à le réformer.

N'en doutons pas : si, lorsque nos pères s'enthousiasmoient de ces farces religieuses, l'art musical eût été en honneur, on les auroit accompagnées de chant et d'instrumens, et l'opéra qui auroit succédé n'auroit été qu'une imitation dans des scènes profanes de ce qui auroit été inventé pour des objets sacrés. La vérité n'est guères différente de cette supposition. En remontant aux temps les plus reculés, nous avons observé que les louanges du Seigneur étoient chantées dans le temple avec la plus nombreuse, la plus harmonieuse variété d'accens. D'un autre côté, nous savons que les drames profanes en France ont tiré leur origine des drames religieux. Pour former l'opéra, on n'a eu qu'à unir sur le même théâtre le drame à la musique, et, à dire vrai, plusieurs beaux morceaux d'opéra peuvent être appelés *musique d'église*.

Ces spectacles où l'on a souvent abusé, au préjudice des mœurs, de deux arts qui, dans leur origine, étoient employés pour l'édification des mœurs, pourroient-ils révendiquer comme leur propriété ce qui appartient primitivement au culte divin ? Pourra-t-on dire que les compositions musicales pour l'église sont théâtrales, c'est-à-dire, imitent celles des théâtres, tandis que les belles expressions de la musique ont appartenu de droit aux solennités du culte, avant qu'on eut songé aux théâtres ? Les fantômes de l'illusion mis en scène le disputeront-ils en prérogatives contre la scène qui offre réellement ce qui se passe de plus respectable sur le globe ? L'acte réel si convenable par lequel les adorateurs du Tout-Puissant expriment en beau chant et dans une belle harmonie les sentimens qui pénètrent leurs ames , peut-il être regardé comme l'imitation d'un spectacle où tout n'est qu'imitation ? Enfin , la réalité elle-même peut-elle être appelée imitation de l'imitation ? On voit ici que l'épithète de *musique théâtrale* appliquée à des compositions pour les temples est l'épithète la plus absurde qu'on pût imaginer, et on n'est pas mieux fondé à ridiculiser certains morceaux de musique théâtrale en les appelant *musique d'église.*

La discussion que je viens d'offrir a été déjà sérieusement agitée en Italie entre deux célèbres théoriciens. Le savant P. Martini s'étoit épris d'une belle passion pour le plain-chant, ou peut-être avoit-il conçu un peu de jalousie des succès qu'avoit eus l'ouvrage d'Eximene touchant la théorie musicale. L'envie de combattre cet ouvrage, ou, si l'on veut, le dessein de combattre l'usage d'une musique figurée avoit conduit très-loin le P. Martini, au point de lui faire regarder la musique de Pergolèze comme étant peu convenable aux temples chrétiens. Il alléguoit pour prétexte qu'il y avoit beaucoup de passages dans l'opéra de *la servante maîtresse* qui ressembloient à la musique du *stabat* (1).

____

(1) Saggio fondamentale pratica di contrappunto del P. Martini, alla pag. VIII della prefazione.

La réputation du P. Martini ne put l'empêcher de paroître ridicule sur ce point, et on lui répondit, entr'autres choses, que quelque ressemblance qu'on pût trouver entre les deux compositions d'un même auteur, il suffisoit de savoir que le mouvement seul d'une musique plus ou moins accéléré en change totalement l'expression. A ce sujet, Eximene (1) a rapporté l'anecdote suivante qu'il a tirée d'un ouvrage même du P. Martini :

Sur la fin du quinzième siècle, et au commencement du seizième, on chantoit dans les rues des villes d'Italie une chanson provençale qui avoit ce titre français : *l'homme armé.* L'air de cette chanson servit de sujet pour composer sept messes en musique par sept différens compositeurs, et le P. Martini convenoit que ces sept messes avoient été composées dans un style propre à exprimer des sentimens pieux et édifians.

Dans les manuscrits qui ont resté des messes composées par le fameux Palestrina, maître de chapelle italien, on trouve encore les titres des chansons ou des ariettes d'après lesquelles il les a composées. *L'homme armé.* — *Nasce la gioia mia.* — *Che fa oggi il mio sole.* — *Il bianco e dolce cigno.* — *Che rime dolenti,* etc. (2). On sait pourtant que

------

(1) Dubbio di Ant. Eximeno sopra il detto saggio.
(2) Vedasi detto dubbio.

Palestrina étoit un des plus grands maîtres de chapelle qui aient existé, et composoit dans un genre très-convenable à la majesté du culte.

Eximene, en faisant usage de ces remarques, prouve très-bien que la musique a, comme l'éloquence et comme la poësie, une foule d'expressions qui peuvent servir également pour des sujets sacrés et pour des sujets profanes, que leur bon ou mauvais effet résulte de l'objet auquel on les applique.

Enfin, que les détracteurs de la musique des temples nous disent s'il est permis d'aller aux spectacles profanes s'intéresser au sort d'Iphigenie, se sentir ému par la colère d'Achille, s'attendrir avec Didon, en un mot partager tous les sentimens des héros fantastiques du théâtre, et en même temps s'il ne sera pas permis à des hommes religieux d'aller entendre dans leurs temples une musique qui contribue à les intéresser pour tous les objets qu'ils doivent se retracer à l'occasion des solennités de leur culte. Toutefois il suffit d'avoir parcouru les livres sacrés des Hébreux, pour être assuré combien les idées religieuses ont été liées parmi eux avec celles de la puissance de l'art musical.

CONCLUSION.

CONCLUSION.

Le langage musical semble être celui par lequel l'homme se met plus spécialement en communication avec la divinité. Plus distingué , plus brillant, plus animé que le langage ordinaire, les poëtes n'en ont-ils pas dit qu'il étoit réservé pour converser avec les dieux ?

La nature a donné aux hommes une voix, avec la faculté d'y syllaber de manière à former un langage par lequel ils se communiquent leurs idées. L'emploi de cette faculté est assez restreint, en ce qu'ils ne peuvent réciproquement distinguer les expressions de leur langue qu'à une distance très-prochaine. Mais à un certain éloignement la voix seule est entendue , et l'expression est réduite aux accens, à la qualité du son de la voix, au rhythme. Ici la nature indique un autre ordre de choses. C'est une espèce de langage digne d'être considéré séparément du précédent. C'est la musique dont la sphère est plus vaste que celle des langues ordinaires. Elle n'est point sujette aux mêmes grammaires , tandis que l'éloquence et la poësie ne peuvent se perfectionner sans subir certaines lois musicales. Elle a , presqu'autant que la religion , l'avantage de s'étendre sur tous les points de la vie humaine.

Tous les êtres sensibles ont entre eux , et sans aucune étude préparatoire, l'intelligence du langage des sons plus ou moins combinés. C'est par une certaine intensité, ou aspérité , ou adoucissement du son de voix, qu'ils font comprendre quelque désir, ou douleur, ou joie , ou colère, ou menace. L'animal auquel il n'est point permis de se détacher de la surface du globe, y paroît condamné à plus de tristesse, il forme seulement quelques sons , les modifie très-peu. Celui dont les ailes peuvent l'exhausser plus près de l'astre du jour et le faire planer au-dessus de l'élément terrestre, varie généralement davantage les inflexions. Cette variété de modulations où il ne met point d'ordre , parce qu'il n'en est point l'arbitre, est un simple témoignage de joie. Mais le roi des animaux , quoiqu'attaché à la surface du globe, s'élance au-dessus des astres par son imagination ; aussi a-t-il la musique en son pouvoir.

La musique seule peut en même temps frapper l'ouïe des hommes et varier les impressions sur leurs cœurs à travers d'assez grands intervalles que les sons franchissent pour parvenir à l'organe auditif. S'il est permis à un orateur de se faire entendre de quelques mille hommes réunis, la musique peut, pour ainsi dire, en haranguer cent mille à la fois. Pour étendre les facultés de l'homme sur ce point , la nature lui a donné encore l'industrie de fabriquer des instrumens sonores qu'il module à volonté, qui servent de supplément à la voix humaine, remplissent l'horizon et percent les nues.

Armé de ces grands moyens, il peut communiquer à la multitude les impressions les plus frappantes. Mais cette communication acquiert sa plus grande importance, lorsqu'il s'agit des objets présentés par le culte religieux. C'est alors qu'une scène vraiement imposante s'offre à l'imagination étonnée. La vue des objets physiques est sans doute un moyen pour préparer les effets de notre imagination : mais les sons achèvent de l'échauffer, de la mettre en activité, de la transporter.

Lorsqu'une musique se fait entendre, tout l'espace où elle s'étend est, pour ainsi parler, son atmosphère harmonieuse. Tous les êtres animés et inanimés sont mis en mouvement et forment harmonie. L'air est ébranlé ; les pierres même résonnent d'une manière sensible, lorsque leur grande masse ne s'y oppose point, et surtout quand leur forme convexe favorise la résonnance ; les arbres des forêts, la terre, les eaux qui sont plus élastiques, tout reçoit et rend plus ou moins l'impression harmonique. Mais les êtres animés sont particulièrement organisés pour recevoir cette impression. Parmi ces êtres animés, l'espèce humaine, douée d'une ame bien différente de celle des brutes, subit principalement le pouvoir de la musique ; et ce qu'il y a de plus sublime en faveur de cette espèce, c'est que l'art réfléchi de la musique est à sa disposition. Tous les nerfs du corps humain, et particulièrement le nerf auditif qui leur correspond, sont les cordes mises en vibration par l'audition de la musique. La divinité s'y manifeste, car la musique est un intermédiaire par lequel la divinité agit sur l'instrument ou individu humain. Une grande musique frappe les airs. Elle met en vibration les cordes de mille instrumens, savoir les fibres de mille individus. Où est le corps sonore chargé de rendre compte de cette vibration ? Ici est le mystère. Mais au lieu de renoncer à toute explication, saisissons-en ce dont nous sommes assurés. Cette vibration agit sur notre ame. De quelque manière que l'on considère cette substance qui sent, qui pense, qui aime, qui veut, il est toujours certain que la musique y fait naître le sentiment, la pensée, l'amour, même la volonté.

Le cœur d'un foible mortel aspire-t-il à converser avec le Tout-Puissant ? Quelle haute prétention ! Mais pourtant c'est un vif penchant, et bien souvent un vrai besoin. Quelles expressions adresser à l'Être suprême, invisible, incompréhensible ? Quelques mots de notre langue servent foiblement à exprimer amour, reconnoissance, désir de plaire, besoin d'obtenir des grâces. Varie l'ex-